小飛鼠尋寶趣

文／孟瑛如、葉琬婷
圖／李品諭
英文翻譯／吳侑達

森林深處有一所飛行學校， 只要對飛行有興趣的小動物， 都可以到這裡來學習。

小飛鼠阿飛是其中的佼佼者。 他有雙千里眼可以看得又遠又清楚； 他只要張開飛膜， 就能快速的在樹林中穿梭滑行。 玩捉迷藏的時候他可屬害了， 一溜煙就躲得不見蹤影， 大家都很佩服他。

有一天，飛行學校收到一封邀請卡，原來是獅子國王生日的時候要舉辦一場尋寶大賽。小動物們都躍躍欲試想要參加，阿飛當然也興致勃勃的報名了。大家都很期待尋寶大賽的到來。

比賽當天，每個人都拿到一張寫著不同內容的藏寶圖。阿飛拿到的這張上面寫著：

「當你走進森林時，將會看到……」

太陽下山的時候，比賽也即將
結束。當大部分的參賽者都找到
了寶藏，並且抵達終點的時候，
大家卻發現少了一個人。

時間一分一秒的過去了，還是沒有阿飛的身影。獅子國王派飛鷹隊長出去尋找，才發現阿飛不知道為什麼走進了陰森森而且容易迷路的黑森林。

飛鷹隊長，辛苦你了。趕快把阿飛帶下去休息吧！

報告國王，我在黑森林發現了阿飛，已經將他帶回來了。

阿Y飛ㄟ，你ㄋ到ㄠ底ㄉ發ㄈ生ㄕ了ㄌ什ㄕ麼ㄇ事ㄕ？

是ㄕ啊Y！阿Y飛ㄈ，你ㄋ怎ㄗ麼ㄇ會ㄏ走ㄗ進ㄐ那ㄋ麼ㄇ危ㄨ險ㄒ的ㄉ黑ㄏ森ㄙ林ㄌ呢ㄋ？

　　終ㄓ於ㄩ看ㄎ到ㄉ阿Y飛ㄈ平ㄆ安ㄢ回ㄏ來ㄌ，焦ㄐ急ㄐ的ㄉ小ㄒ動ㄉ物ㄨ們ㄇ圍ㄨ著ㄓ阿Y飛ㄈ，想ㄒ知ㄓ道ㄉ到ㄉ底ㄉ發ㄈ生ㄕ了ㄌ什ㄕ麼ㄇ事ㄕ。黑ㄏ森ㄙ林ㄌ可ㄎ是ㄕ森ㄙ林ㄌ裡ㄌ的ㄉ禁ㄐ地ㄉ啊Y！平ㄆ常ㄔ大ㄉ家ㄐ都ㄉ不ㄅ敢ㄍ靠ㄎ近ㄐ的ㄉ。阿Y飛ㄈ竟ㄐ然ㄖ會ㄏ走ㄗ進ㄐ這ㄓ麼ㄇ危ㄨ險ㄒ的ㄉ地ㄉ方ㄈ，差ㄔ點ㄉ兒ㄦ就ㄐ要ㄠ丟ㄉ了ㄌ小ㄒ命ㄇ。

阿飛搔搔頭說：「我也不知道到底發生了什麼事。我明明就照著藏寶圖走啊，怎麼知道竟然就走進了黑森林，真是嚇死我了！」他攤開手中的藏寶圖。

「我就這麼走……」

「什麼？ 你竟然……」 猴子吉吉一把搶過阿飛手中的藏寶圖， 仔細看了一遍說：

跳過第三棵樹後，會看到藏寶箱的鑰匙。

嗯，應該是第三棵樹。

它是說「跳過第三棵樹」啦！

　　小朋友，看完這個故事後，你有什麼想法呢？

　　阿飛覺得自己每一個字都唸對了，但是怎麼會找不到寶藏呢？

　　你覺得可以怎麼做，才能協助阿飛正確讀懂地圖上的文字呢？

　　你可以試著圈出「藏寶圖」中容易讓阿飛誤會，或是搞不清楚的字詞來幫阿飛的忙喔。

·給教師及家長的話·

　　《小飛鼠尋寶趣》故事中的主角阿飛是飛行學校中的佼佼者，但看似風光的學校生活背後，卻有著不為人知的祕密——阿飛能夠識字，卻無法閱讀，也就是一般常說的「有看沒有懂」。現實學校生活中也有很多的阿飛，在各學科的表現都還可以，但口語問答的表現要比紙筆測驗好多了；閱讀的速度很慢、結結巴巴、跳字漏字，甚至跳行，在詞彙提取與理解上比一般同儕困難。閱讀障礙的類型有很多，阿飛的故事只是作為一個前導車，帶領大家初步認識閱讀障礙。

　　閱讀策略的教學一直是現今國中小資源班持續不斷的工作，閱讀障礙學生在閱讀的這一條路前進得更是緩慢吃力。在筆者的經驗中，有一位讓人印象深刻的學生，她臉上總帶著甜甜的笑容，口語表達很流利，說話聲音宏亮，全班朗讀課文的時候總是唸得又快又大聲，她也對自己的表現非常滿意。但每次遇到要寫讀後心得的時候煩惱就來了，她總是寫「我覺得很好看」；對於故事中的內容，除了主角外，一問三不知，老師要她再讀一遍、兩遍，結果還是一樣。她的困難就像故事中的阿飛，能唸出文章中的每一個字，但卻無法理解其中的意思。在閱讀理解領域裡，她的一步一履都走得十分艱辛。閱讀理解的學習需要時間累積，學習的成果很難用肉眼看出來。記得曾有一堂課讓孩子們閱讀一個故事，為了擺脫以前只求快的壞習慣，我們訓練她一定要慢慢讀，結果讀到一半的時候她突然笑了，其他人有點狐疑的看著她，沒想到讀完整個故事後，她說：「老師，我第一次看懂了！」之前所有的策略教學與練習，終於在這一刻露出一線曙光。原來真的有一個門檻，跨過去就到了另一個境界；原來真的有一種魔力，是孩子臉上的笑容，催促我們教學的腳步不能停下來！是這一堂課的鼓舞，讓我們永遠有動機帶著他們征服閱讀理解知能的山頭！

　　有些閱讀障礙的孩子因為能夠識字，讓教師和家長因此忽略了「理解」有困難，而沒有盡早提供相關協助。在小學低年級的課程中老師講述得較多，孩子的學習還跟得上，但升上三年級後閱讀的機會變多，閱讀量也變大，他們的學習就開始明顯落後了。

　　《小飛鼠尋寶趣》這本書的主角阿飛和同學一樣聰明活潑，在飛行表現甚至優於同學，因為一場比賽，讓他和老師、同學們開始正視「閱讀理解」這個嚴重的問題。希望教師和家長能夠帶領孩子們用同理心來看待阿飛身上發生的事情，設身處地的想想阿飛的心情轉變與困難，並學著真心接納與策略協助這些有閱讀困難的孩子們！

活動一： 劇本

將這個故事轉換成劇本， 可供班級角色扮演。

【 劇本中的動物同學角色原為小烏鴉、 小麻雀、 小猴子， 若實際參與演出人數較多， 可將部分台詞分配給其他小動物使用， 以不影響對白的流暢性為原則。 】

【 第一幕 】

森林裡的飛行學校， 有很多小動物在玩捉迷藏。

【 旁白 】

森林深處有一所飛行學校， 只要對飛行有興趣的小動物們都可以到這裡來學習。 小飛鼠阿飛是其中的佼佼者。 他有雙千里眼可以看得又遠又清楚； 他只要張開飛膜， 就能快速的在樹林中穿梭滑行。 玩捉迷藏的時候他可厲害了， 一溜煙就躲得不見蹤影，大家都很佩服他。

阿　　飛： 來抓我啊！ （ 一溜煙不見蹤影）

小烏鴉： 哇！ 阿飛好厲害喔！ 到底跑到哪裡去了？

小麻雀： 對啊， 每次都抓不到他！

【 第二幕 】

森林裡的飛行學校， 老師宣布尋寶大賽的消息。

【 旁白 】

有一天， 飛行學校收到了一封邀請卡， 原來是獅子國王生日的時候要舉辦尋寶大賽， 小動物們都躍躍欲試想要參加， 阿飛當然也興致勃勃的報名了， 大家都很期待尋寶大賽的到來。 （ 興奮的語氣）

老　　師：告訴大家一個好消息！獅子國王打算在他
　　　　　生日的時候舉辦尋寶大賽，想參加的人趕
　　　　　快到老師這裡來報名喔！

阿　　飛：我！我！老師我想參加！

猴子吉吉：老師，我也想參加！小烏鴉，你也要去
　　　　　嗎？

小烏鴉：好啊，我們都一起去參加吧！我好想知道
　　　　　這次的寶藏是什麼喔！

【第三幕】

尋寶大賽當天，小動物們摩拳擦掌準備大展身手。

【旁白】

比賽當天，每個人都拿到一張寫著不同內容的藏寶
圖。

小麻雀：（看了看藏寶圖）阿飛，我先走嘍！你快
　　　　　點跟上吧！

阿　　飛：（拿著藏寶圖唸唸有詞）當你走進森林
　　　　　時，將會看到兩條小路……

【第四幕】

尋寶大賽結束了，參賽者陸續抵達終點。

【旁白】

太陽下山的時候，比賽也即將結束。當大部分的參
賽者都已經找到了寶藏，並且抵達終點的時候，大
家卻發現少了一個人。

吉　　吉：咦？（看著小麻雀、小烏鴉）你們有沒有
　　　　　看到阿飛？

小麻雀、小烏鴉：（搖搖頭）沒看到耶！對啊，他跑到哪裡去了？大家都回來了，怎麼沒有看到他呢？

【旁白】

時間一分一秒的過去了，就是沒有阿飛的身影。獅子國王派飛鷹隊長出去尋找，才發現阿飛不知道為什麼走進了陰森森而且容易迷路的黑森林……（恐怖害怕的語氣）

【第五幕】

飛鷹隊長帶回一臉驚恐的阿飛，大家圍著阿飛。

【旁白】

飛鷹隊長帶著滿臉驚恐的阿飛來到大家的面前。終於看到阿飛平安回來，焦急的小動物們圍著阿飛，想知道到底發生了什麼事。黑森林可是森林裡的禁地，不小心走進去可能就會沒命呢！阿飛竟然會走到這麼危險的地方，差點兒就要丟了小命。（焦急懸疑的語氣）

小烏鴉：阿飛，你到底發生什麼事了？

小麻雀：是啊，阿飛，你怎麼會走進這麼危險的黑森林？

阿　飛：（搔搔頭）我也不知道到底發生什麼事？我明明就照著藏寶圖走啊，怎麼知道竟然就走進了黑森林，真是嚇死我了！（一副苦惱的樣子，攤開手中的藏寶圖）我就是這麼走……

吉　　吉：（搶過阿飛手中的藏寶圖）什麼？你竟然……（眼神在阿飛和藏寶圖之間左右遊走，一臉驚訝的樣子）Oh！My God！你誤會了啦！（驚訝的對著阿飛說）

【第六幕】

原來阿飛因為看錯提示而迷路了。

【道具】
展開大型地圖。

【旁白指著大型地圖上的字】
地圖上寫著「請走右邊的小路」。

阿　　飛：（指著大型地圖上左邊的小路）嗯，應該是這一條。

吉　　吉：（指著大型地圖上右邊的小路）它說「右邊」，你怎麼往左邊走啊？

【旁白指著大型地圖上的字】
地圖上寫著「跳過第三棵樹後，會看到藏寶箱的鑰匙」。

阿　　飛：（指著大型地圖上第三棵樹旁的鑰匙）嗯，應該是第三棵樹。

吉　　吉：（指著大型地圖上第四棵樹旁的鑰匙）它是說「跳、過、第三棵樹」啦！（一副受不了的樣子）

【旁白指著大型地圖上的字】
地圖上寫著「請拿鑰匙打開倒數第二個草堆裡面的藏寶箱」。

阿　飛：（指著大型地圖上第二個草堆）嗯，應該是第二個草堆。

吉　吉：（指著大型地圖上第四個草堆）它是說「倒、數、第二個」啦！（用手拍著額頭表示無奈的樣子）

阿　飛：（恍然大悟）喔～原來是這樣啊，難怪我打開來沒有看到寶藏！

【旁白指著大型地圖上的字】
地圖上寫著「不要走彎曲的那一條路，要走筆直的那一條，這樣就可以抵達終點了」。

阿　飛：（指著大型地圖上彎曲的路）嗯，應該是走彎曲的那一條。

吉　吉：（指著大型地圖上筆直的路）它是說「不、要、走彎曲的那一條」啦！（手在臉上做出三條線無奈的樣子）

阿　飛：（驚訝的樣子）原來是因為這樣我才會走進黑森林啊！我的媽呀！真是太恐怖了！（雙手環抱，害怕的樣子）

吉吉、小烏鴉、小麻雀：（看著阿飛，手叉腰，異口同聲的說）看來你真的要好好接受訓練啦！

【閉幕】

活動二：劇本改編

學生可經由討論後完成空白部分， 也可以將對話內容全部改寫。

【第一幕】

森林裡的飛行學校， 有很多小動物在玩捉迷藏。

【旁白】

森林深處有一所飛行學校， 只要對飛行有興趣的小動物們都可以到這裡來學習。 小飛鼠阿飛是其中的佼佼者。 他有雙千里眼可以看得又遠又清楚； 他只要張開飛膜， 就能快速的在樹林中穿梭滑行。 玩捉迷藏的時候他可厲害了， 一溜煙就躲得不見蹤影，大家都很佩服他。

阿　　飛： 來抓我啊！ （ 一溜煙不見蹤影）

小烏鴉：＿＿＿＿＿＿＿＿＿＿＿＿＿＿＿＿

小麻雀：＿＿＿＿＿＿＿＿＿＿＿＿＿＿＿＿

【第二幕】

森林裡的飛行學校， 老師宣布尋寶大賽的消息。

【旁白】

有一天， 飛行學校收到了一封邀請卡， 原來是獅子國王生日的時候要舉辦尋寶大賽， 小動物們都躍躍欲試想要參加， 阿飛當然也興致勃勃的報名了， 大家都很期待尋寶大賽的到來。

老　　師： 告訴大家一個好消息， 獅子國王打算在他生日的時候舉辦尋寶大賽， 想參加的人趕快到老師這裡來報名喔！

阿　　飛：我！＿＿＿＿＿＿＿＿＿＿＿＿＿＿＿＿＿＿＿＿＿＿

猴子吉吉：＿＿＿＿＿＿＿＿＿＿＿＿＿＿＿＿＿＿＿＿＿＿

小烏鴉：＿＿＿＿＿＿＿＿＿＿＿＿＿＿＿＿＿＿＿＿＿＿

【第三幕】

尋寶大賽當天， 小動物們摩拳擦掌準備大展身手。

【旁白】

比賽當天， 每個人都拿到一張寫著不同內容的藏寶圖。

小麻雀：（ 看了看藏寶圖） 阿飛， 我先走嘍！ 你快
　　　　點跟上吧！

阿　　飛：（ 拿著藏寶圖唸唸有詞） 當你走進森林
　　　　時， 將會看到兩條小路……

【第四幕】

尋寶大賽結束了， 參賽者陸續抵達終點。

【旁白】

太陽下山的時候， 比賽也即將結束。 當大部分的參
賽者都已經找到了寶藏， 並且抵達終點的時候， 大
家卻發現少了一個人。

吉　　吉：＿＿＿＿＿＿＿＿＿＿＿＿＿＿＿＿＿＿＿＿＿＿

小麻雀：＿＿＿＿＿＿＿＿＿＿＿＿＿＿＿＿＿＿＿＿＿＿

小烏鴉：＿＿＿＿＿＿＿＿＿＿＿＿＿＿＿＿＿＿＿＿＿＿

【旁白】

時間一分一秒的過去了， 就是沒有阿飛的身影。 獅
子國王派飛鷹隊長出去尋找， 才發現阿飛不知道為
什麼走進了陰森森而且容易迷路的黑森林……（ 恐

怖害怕的語氣）

飛鷹隊長帶回一臉驚恐的阿飛，大家圍著阿飛。

【旁白】
飛鷹隊長帶著滿臉驚恐的阿飛來到大家的面前。終於看到阿飛平安回來，焦急的小動物們圍著阿飛，想知道到底發生了什麼事。黑森林可是森林裡的禁地，不小心走進去可能就會沒命呢！阿飛竟然會走到這麼危險的地方，差點兒就要丟了小命。

小烏鴉：阿飛，你到底發生什麼事了？

小麻雀：_____

阿　飛：（搔搔頭）_____

（一副苦惱的樣子，攤開手中的藏寶圖）

我就這麼走……

吉　吉：（搶過阿飛手中的藏寶圖）什麼？你竟然……（眼神在阿飛和藏寶圖之間左右遊走，一臉驚訝的樣子）Oh！My God！你誤會了啦！（對著阿飛說）

原來阿飛因為看錯提示而迷路了。

【道具】
展開大型地圖。

【旁白指著大型地圖上的字】
地圖上寫著「請走右邊的小路」。

阿　飛：（指著大型地圖上左邊的小路） 嗯，應該
　　　　是這一條。

吉　吉：（指著大型地圖上右邊的小路） _____

【旁白指著大型地圖上的字】
地圖上寫著「 跳過第三棵樹後， 會看到藏寶箱的鑰
匙」。

阿　飛：（指著大型地圖上第三棵樹旁的鑰匙）
　　　　嗯， 應該是第三棵樹。

吉　吉：（指著大型地圖上第四棵樹旁的鑰匙）

【旁白指著大型地圖上的字】
地圖上寫著「 請拿鑰匙打開倒數第二個草堆裡面的
藏寶箱」。

阿　飛：（指著大型地圖上第二個草堆） 嗯， 應該
　　　　是第二個草堆。

吉　吉：（指著大型地圖上第四個草堆） _____

阿　飛：（恍然大悟） 喔～原來是這樣啊， 難怪我
　　　　打開來沒有看到寶藏！

【旁白指著大型地圖上的字】
地圖上寫著「 不要走彎曲的那一條路， 要走筆直的
那一條， 這樣就可以抵達終點了」。

阿　飛：（指著大型地圖上彎曲的路） 嗯， 應該是
　　　　走彎曲的那一條。

吉　吉：（指著大型地圖上筆直的路） _____

阿　飛：（驚訝的樣子）原來是因為這樣我才會走進黑森林啊！我的媽呀！真是太恐怖了！（雙手環抱，害怕的樣子）

吉吉、小烏鴉、小麻雀：（看著阿飛，手叉腰，異口同聲的說）＿＿＿＿＿＿＿＿＿＿＿＿＿＿＿

【閉幕】

活動三： 我是小作家

飛行學校中靈活又機伶的小飛鼠阿飛，竟然在這一次的尋寶大賽中慘遭滑鐵盧！阿飛的老師和同學們打算幫阿飛特訓。請你猜猜看特訓期間會發生什麼爆笑有趣或是溫馨的故事呢？阿飛是否能脫胎換骨，在下一屆的比賽中順利找到寶藏呢？還是有可能會像愚公移山一般，需要耗費多年的時光才能有一些些的進展？小朋友，請你化身為《小飛鼠尋寶趣》的作者，幫這個故事想出一個別出心裁的結局吧！

_____

_____

_____

_____

_____

_____

_____

_____

活動四： 我是名嘴評論家

電視名嘴是近幾年的新興行業， 他們會針對新聞事件、 社會議題說出自己的看法， 也會根據自己的觀察或蒐集的證據來反駁或是質詢他人。 小朋友， 請你轉換角色成為一位電視名嘴， 依據自己的經驗說出對《 小飛鼠尋寶趣》 故事的看法。 你可以評論阿飛、 吉吉的個人特質、 行為、 做法、 想法， 也可以對尋寶大賽的規定、 尋寶提示給予建議， 甚至是推測或假設故事中任一個角色的成長背景與做法之間的關係， 或是說說看你看完這個故事的感想心得、 想要對故事主角說的話， 或者是相關經歷的回憶。 現在， 麥克風就在你手中， 請敞開心胸、 侃侃而談吧！

活動五：

找出關鍵字(寫出重點提示)～挑戰一

阿飛覺得自己每一個字都唸對了，但是怎麼會找不到寶藏呢？

你覺得可以怎麼做，才能協助阿飛正確讀懂文字地圖呢？請你和阿飛一起圈出這張寶藏密語的重點，按照順序寫出應該要怎麼走，然後在下一頁地圖上畫出正確的路線喔！

阿飛手上的寶藏密語寫著：

請你按照以下提示找出寶藏：當你走進森林時，將會看到兩條小路，走到 交叉路口 時請走右邊的小路。沿著小路繼續走，你會看到四棵樹，跳過第三棵樹後會看到一把鑰匙。拿起鑰匙後往前走會陸續看到五個稻草堆，請拿鑰匙打開倒數第二個草堆裡面的藏寶箱。找到寶藏後不要走彎曲的那一條路，要走筆直的那一條，這樣就可以抵達終點了，千萬小心不要走進黑森林喔！

我會告訴阿飛

1. 看到交叉路口要

2.

3.

4.

5.

活「ㄏㄨㄛ」動「ㄉㄨㄥ」六「ㄌㄧㄡ」：

找「ㄓㄠ」出「ㄔㄨ」關「ㄍㄨㄢ」鍵「ㄐㄧㄢ」字「ㄗ」(找「ㄓㄠ」出「ㄔㄨ」寶「ㄅㄠ」藏「ㄘㄤ」的「ㄉㄜ」位「ㄨㄟ」置「ㄓ」)～挑「ㄊㄧㄠ」戰「ㄓㄢ」一

請「ㄑㄧㄥ」在「ㄗㄞ」地「ㄉㄧ」圖「ㄊㄨ」上「ㄕㄤ」標「ㄅㄧㄠ」示「ㄕ」出「ㄔㄨ」正「ㄓㄥ」確「ㄑㄩㄝ」的「ㄉㄜ」路「ㄌㄨ」線「ㄒㄧㄢ」並「ㄅㄧㄥ」圈「ㄑㄩㄢ」出「ㄔㄨ」寶「ㄅㄠ」藏「ㄘㄤ」的「ㄉㄜ」位「ㄨㄟ」置「ㄓ」。

活動七：

找出關鍵字(寫出重點提示)～挑戰二

獅子國王舉辦了第二次的尋寶大賽，這一次阿飛要一雪前恥，下定決心一定要找到寶藏！

請你和阿飛一起圈出這張寶藏密語的重點，按照順序寫出應該要怎麼走，然後幫阿飛畫出一張地圖，並且標示出正確的路線喔！

阿飛手上的寶藏密語寫著：

請你按照以下提示找出寶藏：當你走進魔法旺歐山時，將會看到五個巨石，請你走第二個和第三個巨石間的那條路。繞過巨石區繼續往前走會看到一片紫色的沼澤，沼澤上有十個漂浮水上的龜殼，標示著數字 1 到 10。請記住！只有寫著偶數的漂浮龜殼才可以踏上去，走到奇數的漂浮龜殼可是會跌入沼澤喔！安全越過沼澤後，將會看到一面石牆，牆上畫著大小不一的長方形、圓形、三角形和正方形，請你找出最大的那個長方形，用力按一下就會看到寶藏了！

我會告訴阿飛

1. _____

2. _____

3. _____

4. _____

5. _____

活ㄏㄨㄛˊ動ㄉㄨㄥˋ八ㄅㄚ：

找ㄓㄠˇ出ㄔㄨ關ㄍㄨㄢ鍵ㄐㄧㄢˋ字ㄗˋ(找ㄓㄠˇ出ㄔㄨ寶ㄅㄠˇ藏ㄘㄤˊ的ㄉㄜ˙位ㄨㄟˋ置ㄓˋ)～挑ㄊㄧㄠˇ戰ㄓㄢˋ二ㄦˋ

我ㄨㄛˇ幫ㄅㄤ阿ㄚ飛ㄈㄟ畫ㄏㄨㄚˋ的ㄉㄜ˙地ㄉㄧˋ圖ㄊㄨˊ：

A Fei Goes to Treasure Hunt

Written by Ying-Ru Meng & Wan-Ting Yeh
Illustratcd by Ping-Yu Lee
Translated by Arik Wu

Deep in the forest, there was a flying school. Whoever wanted to learn how to fly was welcomed there.

A Fei, a flying squirrel, was one of the best flyers among all the students. He was able to see things very far away, and when his patagium unfolded, he could swiftly glide through the forest. He was especially good at hide and seek, because he could disappear within seconds. Everyone in the forest admired him.

One day, the flying school received an invitation. It said there would be a treasure hunt contest held on Lion King's birthday. Every animal in the forest was excited to give it a try, A Fei was of course no exception.

On the day of the contest, everyone got a different treasure map, and the one A Fei got says, "When you enter the forest, you will see...."

By the time the sun set, the contest was coming to an end. Most of the animals have already found the treasure and arrived at the finish line.

However, one animal was missing...

As time moved forward, A Fei still has not shown up, so Lion King sent Hawk Captain to look for him. Soon, A Fei was found lost in the Dark Forest.

When A Fei come back safe and sound, all the other animals went to ask him what happened. The Dark Forest was the forbidden area. It was very dangerous. No one in the forest dared to go near it.

"I don't know what happened... I did follow the instructions on the map. Somehow it led me to the Dark Forest... How scary!" said A Fei, one hand scratching his head. He then unfolded his treasure map.

"I..."

"You? What?" GiGi the Monkey grabbed A Fei's treasure map and read through the instructions. Then GiGi said, "Oh! My God! You misread all of them..."

The instructions read:
"Please take the road on the right."

The instructions read:
"You will find the key right after the third tree."

The instructions read:
"Please use the key to open the treasure chest hidden in the second last haystack."

The instructions read:
"Do not take the winding road. Take the straight one, and you will arrive at the finish line."